Onderwijsbrief special DPM Nederland
© Derek Prince Ministries Nederland, 2014

Wat is eigenlijk 'het Goede Nieuws'?

Gebaseerd op Derek Prince' prediking *The good news of the Kingdom*.

Dit boekje is een weergave van een prediking van Derek Prince.
Vormgeving: First Concept Communications Partners Ltd. Stanley, UK

Voor tekstvermeldingen is gebruik gemaakt van de Herziene
Statenvertaling 2010.
Overige vertalingen:
NBV = Nieuwe Bijbelvertaling.
NBG = vertaling Nederlands Bijbelgenootschap 1951
WV = Willibrord Vertaling
NKJV/NIV = letterlijk vertaald uit de New King James Version of New
International Version

Contactadres: **DPM Nederland**
                  Postbus 326
                  7100 AH Winterswijk
                  0251 – 255 044
                  info@dpmnederland.nl
                  www.dpmnederland.nl

Wat is eigenlijk het 'Goede Nieuws'?

In dit boekje kijken we naar een boodschap die God dringend op mijn hart heeft gelegd en die de afgelopen decennia steeds urgenter is geworden voor de Kerk. Het gaat om het herstel van de boodschap van het evangelie. Naar mijn mening is die boodschap sterk verwaterd en is veel van haar impact verloren gegaan. De Bijbel zegt aan het eind van het Markus-evangelie dat de apostelen erop uit trokken en overal verkondigden, terwijl de Heer met hen meewerkte en de verkondiging *bevestigde met tekenen*. Dus God bevestigt Zijn Woord met wonderen, met bovennatuurlijke tekenen.

Daarom is het logisch dat, om de bovennatuurlijke bevestiging van God te verkrijgen, we wel een boodschap moeten verkondigen die Hij bereid is te bevestigen. Met andere woorden, de vraag of God onze boodschap bekrachtigt, hangt ervan af of wij de boodschap brengen die Hij wil dat er verkondigd wordt.

Het woord dat in de geschiedenis normaal gesproken voor deze boodschap wordt gebruikt is 'evangelie'. Zoals de meesten zullen weten, betekent dit: 'goed nieuws'. Meestal heeft de Bijbel het echter niet alleen maar over 'evangelie', maar over 'het evangelie van het Koninkrijk', 'het evangelie van het Koninkrijk van God' of 'het evangelie van het koninkrijk der hemelen'. In ieder geval is de boodschap niet volledig als we het woord 'koninkrijk' achterwege laten. Daarom zullen we eens goed kijken naar de betekenis van 'het evangelie van het koninkrijk' of 'het goede nieuws van het koninkrijk'. Voor veel lezers is die betekenis onbekend of een beetje vaag. Dit komt vooral doordat we bij het woord 'koninkrijk' tegenwoordig niet meer denken aan een 'regerende macht'. De meeste mensen in de Westerse wereld komen uit een democratie, zoals bijvoorbeeld mijn geboorteland Engeland. Dit is tegelijk een monarchie en heeft dus een Koninklijk Huis, maar de betekenis van dit koningschap is hoofdzakelijk ceremonieel (net als in Nederland, red.) Het koningschap is daar geen regerende macht maar een ceremonieel instituut, en speelt nauwelijks of geen actieve rol in het regeringsproces.

In de tijd van de Bijbel was de heerschappij van een koning echter de normale regeringsvorm. Bij een Bijbels 'koninkrijk' of 'koningschap' gaat het dus niet over een symbolische functie of een interessant oud instituut. We hebben het over de praktische realiteit van een gezaghebbend koningschap, een regerende koning. Teruggekoppeld naar het 'goede nieuws van het Koninkrijk van God', praten we dus over het goede nieuws van God-die-regeert, praktisch en met autoriteit! We moeten ons Gods koninkrijk niet voorstellen als een afstandelijk, 'symbolisch' koningschap ergens ver weg, maar als de praktische realiteit van Gods heerschappij.

Dat is de essentie van het evangelie van Gods koninkrijk (zijn praktische, concrete koningschap dus) en helaas is die boodschap door de Kerk eeuwenlang erg vertroebeld en vervaagd. De meeste christenen denken bij het woord 'redding' direct aan de vergeving van zonden, het ontvangen van eeuwig leven en de zekerheid dat je na je overlijden in de hemel komt. Dat maakt inderdaad allemaal deel uit van het evangelie en is heel belangrijk. Maar het is niet de kern van de boodschap van het evangelie zoals die in het Nieuwe Testament wordt gebracht – het is eerder een afleiding. De boodschap van het evangelie is dat God bereid is de praktische heerschappij over het menselijk ras over te nemen. Als we ooit over het evangelie spreken maar niet ergens in die boodschap de absolute heerschappij van God noemen, dan missen we de essentie.

De aankondiging van het koninkrijk

We gaan kijken naar een profetische inleiding op het thema van Gods Koninkrijk, die de profeet Jesaja geeft in hoofdstuk 9:5-6. Het is de beroemde aankondiging van de geboorte van de Heer Jezus Christus.

Want een Kind is ons geboren, een Zoon is ons gegeven...

Door de eeuwen heen is dit altijd uitgelegd als een vooruitwijzing naar de geboorte van de Heer Jezus Christus. Merk je op hoe accuraat de bewoording is? Hij werd *geboren* als een kind - een kleine baby - maar Hij werd *gegeven* als de eeuwige Zoon van God. Hij werd niet pas Gods Zoon toen Hij geboren werd uit de maagd Maria, maar de eeuwige Zoon kwam als een kind. Wat wordt er vervolgens als eerste gezegd over deze Messias, deze Verlosser?

...en de heerschappij rust op Zijn schouder.

Wat is het eerste aspect van het goede nieuws? Dat de heerschappij op Hem rust. Hij zal de regering overnemen van de mensheid.

En men noemt Zijn Naam Wonderlijk, Raadsman, Sterke God, Eeuwige Vader, Vredevorst.

Ik geloof dat dit allemaal kwaliteiten zijn die Jezus geschikt maken om de mensheid te regeren. Het volgende vers keert terug naar het thema van Zijn heerschappij.

Aan de uitbreiding van deze heerschappij en aan de vrede zal geen einde komen...

De Bijbel leert duidelijk dat vrede altijd afhangt van goede heerschappij (zie ook het boekje 'Bidden voor de regering'). Zonder goede heerschappij is er geen vrede mogelijk. Mensen die Gods heerschappij afwijzen, zullen nooit werkelijke vrede kennen. Jesaja zegt meermalen dat er geen vrede is voor de onrechtvaardigen, voor de opstandigen (Jesaja 48:22, 57:21, 59:8). Deze gedachte is vreemd aan de moderne opvattingen. Helaas denk ik dat heel wat christenen hun regering eerder zien als een vijandig instituut dat verantwoordelijk is voor veel problemen. De waarheid is echter dat er zonder een duidelijke, goede regering geen vrede kan zijn. Het is absoluut zinloos voor landen om vrede te zoeken buiten de regering om. De mate van succes van een regering is evenredig aan de mate van vrede die ze voortbrengt.

Vers 7 zegt dus dat Zijn heerschappij nooit zal ophouden. Als Hij Zijn heerschappij eenmaal heeft gevestigd, dan zal deze voor altijd en eeuwig blijven doorgaan en blijven toenemen. Let nu op wat voor soort heerschappij het betreft:

...op de troon van David en over zijn koninkrijk...

Hij zal regeren als koning. Niet als president, niet als premier, niet als dictator, maar als koning. De tekst zegt vervolgens:

...om het (Koninkrijk) te grondvesten en het te ondersteunen door recht en gerechtigheid...

Als het gaat over de boodschap van het koninkrijk, dan is 'recht' of 'gerechtigheid' altijd het eerste wat naar voren komt, nadat het koninkrijk is genoemd. Vrede hangt daar direct mee samen. We zien dus dat er zonder heerschappij geen vrede kan zijn, dat een regering gerechtigheid moet voortbrengen, en dat er vrede is wanneer er gerechtigheid en recht is. De afsluitende zin van dit gedeelte is Gods garantie dat dit echt zal gebeuren, hoe de reactie van mensen

de bron van alle menselijke problemen is het afwijzen van Gods heerschappij

ook zal zijn. God zegt namelijk: *De na-ijver van de HEERE van de legermachten zal dit doen.* De Heer is hier zo volledig aan toegewijd dat Hij garandeert dat dit zal gebeuren.

We hebben nu gezien wat Jezus kwam doen. Hij kwam om de heerschappij over de mensheid over te nemen. Eigenlijk is dit heel logisch, als je kijkt naar de oorzaak van alle menselijke problemen. Die zijn namelijk altijd te herleiden tot het ene feit dat de mens de heerschappij van God verwierp. De mens kwam in opstand tegen God en weigerde Zijn heerschappij. Al het kwaad, al het menselijk lijden en alle problemen van de mensheid zijn daarop terug te voeren, vanaf die eerste dag tot aan vandaag. En het evangelie of het goede nieuws is juist zo logisch, omdat het voorziet in de oplossing voor alle problemen die voortkomen uit die ene oorzaak. De oplossing is terug te keren onder het koningschap, - oftewel de heerschappij - van God. Echt waar, je houdt jezelf voor de gek als je praat over 'het evangelie', over 'gered worden' of 'christen worden', zonder je volledig onder de heerschappij van God te plaatsen. Dan mis je de centrale gedachte en de bedoeling van het goede nieuws van het Koninkrijk. Je kunt Gods redding nooit losmaken van Gods regering.

Als we op die manier gaan denken, dan zullen we in heel veel dingen anders gaan reageren en zal onze houding veranderen. We zullen dan een gezeglijk volk worden.

Momenteel kan ik me nauwelijks een groep mensen indenken die zo weinig gezeglijk is als de Kerk van Jezus Christus. Tijdens een oudstenvergadering bad iemand: "God, stuur ons profeten." Waarna een ander zei: "God, doe dat alstublieft niet, want we zouden ze afmaken!" Ik betwijfel of ergens op aarde een groep te vinden is die slechter te besturen is dan de Kerk van Jezus Christus. Een belangrijke basisreden daarvoor is dat we een verkeerd beeld hebben van wat God van ons verwacht. Het goede nieuws is dat God ons gaat regeren, maar Hij verwacht dat we Zijn absolute koningschap aanvaarden. Als we niet bereid zijn om ons te laten besturen, dan hebben we geen recht op het goede nieuws. Of nog liever; dan *is* het goede nieuws voor ons geen goed nieuws. Laten we eens in het Nieuwe Testament gaan kijken hoe de profetie van Jesaja werd vervuld. In Mattheüs 2:1-6 lezen we:

Toen nu Jezus geboren was in Bethlehem, in Judea, in de dagen van koning Herodes, zie, wijzen uit het oosten kwamen in Jeruzalem aan, en zeiden: Waar is de pasgeboren Koning van de Joden? (vers 1,2)

Zo werd Hij voor het allereerst voorgesteld aan de mensheid – niet als redder (hoewel Hij dat is) maar als koning. *Want wij hebben Zijn ster in het oosten gezien en zijn gekomen om Hem te aanbidden* (2). Let nu op de reactie van de gevestigde autoriteiten op deze boodschap, want die is bij iedereen onveranderlijk hetzelfde: ze raken geërgerd en verward zodra ze horen over een nieuwe heerser:

Toen koning Herodes dit hoorde, raakte hij in verwarring en heel Jeruzalem met hem (3).

De NBV zegt: 'hij schrok hevig'. Waarom schrok hij zo? Hij besefte dat het een bedreiging vormde voor zijn eigen heerschappij. En als je vanuit de geschiedenis het karakter van Herodus bestudeert, dan weet je dat dit hem meer beangstigde dan wat ook. De geschiedenis bevestigt dat de actie die hij ondernam, typerend was. Hij gaf opdracht om iedereen te vermoorden die mogelijk aanspraak zou kunnen maken op de troon.

En nadat hij alle overpriesters en schriftgeleerden van het volk bijeen had laten komen, wilde hij van hen weten waar de Christus geboren zou worden (4).

Daar bestond geen onwetendheid over, iedereen wist het. Kijk maar:

Zij zeiden tegen hem: In Bethlehem, in Judea, want zo staat het geschreven door de profeet: En u, Bethlehem, land van Juda, bent beslist niet de minste onder de vorsten van Juda, want uit u zal de Leidsman voortkomen Die Mijn volk Israël weiden zal (5,6).

Zie je wat Hij kwam doen? Hij kwam als Vorst (Leidsman), om het volk te leiden. De reactie van de aardse machthebbers op het nieuws dat er een andere koning is gekomen, is door de eeuwen heen nooit veranderd. Nog steeds worden ze daar nerveus van. Als wij de wereldse autoriteiten niet nerveus maken, dan hebben we waarschijnlijk niet de juiste boodschap gebracht. Overigens geldt deze reactie ook voor jou en mij; onze oude natuur, waar ons 'ik' nog steeds op de troon zit en koning speelt, wordt direct nerveus en geïrriteerd als de echte Koning zijn rechtmatige plaats krijgt in ons leven...

Jezus proclameerde het koninkrijk

We zullen nu kijken naar de oorspronkelijke proclamatie van het koninkrijk. Het gedeelte dat we lezen, betreft de eerste kennismaking met Jezus en Zijn bediening. Het gaat om Mattheüs 3:1 en 2, waar de officiële aankondiging staat van Jezus' komst naar de aarde en de start van Zijn bediening.

In die dagen trad Johannes de Doper op en hij predikte in de woestijn van Judea, en zei: Bekeer u [waarom?], want het Koninkrijk der hemelen is nabijgekomen.

Wat was de boodschap? Het Koninkrijk der hemelen is nabijgekomen. Er wordt niets specifieks gezegd over de vergeving van zonden. De centrale boodschap is dat het koninkrijk (of het *koningschap*) van God nabij is.

Nu moet je bedenken dat alle Joden een heerser verwachtten die hun onafhankelijkheid en hun heerschappij over hun eigen land zou herstellen. Ze hadden dus geen enkele moeite om te begrijpen wat Johannes predikte. Ze waren misschien niet blij met zijn boodschap, maar ze begrepen wel wat hij bedoelde. De lang beloofde vorst is nabij gekomen. Maar nu lezen we verder in Mattheüs 4:17, waar Jezus Zelf zijn eerste publieke toespraak houdt. Het zijn de eerste woorden die Hij preekte.

Van toen af [nadat Johannes de Doper gevangen was genomen] *begon Jezus te prediken...*

Persoonlijk geef ik de voorkeur aan het woord 'proclameren' boven 'prediken'. Het woord 'prediken' is afgeleid van het zelfstandig naamwoord voor een 'heraut' en verwijst naar de proclamatie die een heraut doet. Jezus begon dus te proclameren van het naderende Koninkrijk en zei: *'Bekeer u, want het Koninkrijk der hemelen is na-*

> ## de centrale boodschap van het Evangelie is: Gods koningschap is dichtbij gekomen!

bijgekomen.' Hij begon dus op precies hetzelfde punt als Johannes de Doper. Dit is de boodschap! Voor een verdere bevestiging hiervan lezen we Markus 1:14-15, waar een parallelle beschrijving staat van de start van Jezus' bediening.

En nadat Johannes overgeleverd was, ging Jezus naar Galilea en predikte het Evangelie van het Koninkrijk van God, en Hij zei: De tijd is vervuld... (ik denk dat dit vooral verwijst naar de profetieën van Daniël, waarin een specifieke tijd wordt gegeven voor de komst van het koninkrijk...) *De tijd is vervuld en het Koninkrijk van God is nabijgekomen; bekeer u en geloof het Evangelie* [oftewel: geloof het goede nieuws]. Wat is het goede nieuws? Dat is duidelijk: het Koninkrijk van God is nabijgekomen.

Nu, wat is de eerste voorwaarde voor ieder die baat wil hebben bij deze boodschap? Samengevat in één woord: bekering. Dat blijft altijd hetzelfde. Waar de boodschap van het komende Koninkrijk wordt gebracht, is de eerste voorwaarde altijd bekering. Waarom? Daarvoor gaan we even terug naar het bekende vers in Jesaja 53:6:

Wij dwaalden allen als schapen... (Dit geldt voor ieder van ons.) *...wij keerden ons ieder naar zijn eigen weg.* Dit is de universele schuld van het hele menselijke ras - het basisprobleem van de hele mensheid. Het is niet zo dat we allemaal een moord hebben gepleegd, of overspel, of een bankoverval, of dat we dronken zijn geweest of ons immoreel hebben gedragen. Toch is er één ding waar we allemaal schuldig aan zijn: we kozen allemaal onze eigen weg. De profeet vervolgt dan: *Maar de HEERE heeft de ongerechtigheid van ons allen op Hem* [Jezus] *doen neerkomen.*

Hoe heet het, als je je eigen weg gaat? Ongerechtigheid. Dat is een heel sterk woord voor kwaad doen. 'Rebellie' zou misschien een nog betere vertaling zijn. Rebellie, opstand tegen God, is de wortel van alle problemen van de mensheid. We zijn allemaal ongehoorzame rebellen. Maar prijs God voor het goede nieuws dat Hij alle ongerechtigheid van de hele mensheid en alle kwade gevolgen daarvan op Jezus legde! In ruil daarvoor maakte Hij al het goede van Hem beschikbaar voor ieder die zich bekeert en gelooft. In die ene handeling voorzag God voor alle noden van de mensheid in alle tijden: geestelijk, mentaal, emotioneel, lichamelijk, materieel, financieel en dat tot voor altijd. In alles werd voorzien, door dat ene ultieme offer van Jezus Christus aan het kruis. Het kernprobleem was rebellie, maar aan het kruis rekende God daarmee af.

Dus waarom moet iedereen zich bekeren? Omdat we allemaal, niemand uitgezonderd, opstandig zijn geweest. Je kunt op geen enkele manier het koninkrijk binnengaan zonder bekering. En bedenk: bekering is geen emotie. Het kan samengaan met emoties, maar het is allereerst een beslissing. In gewone taal zou je kunnen zeggen: "God, ik heb mijn eigen ding gedaan, ik heb *geleefd voor mijn eigen plezier en naar mijn eigen normen. Ik heb mijn eigen doelen gesteld en daarbij heb ik U misschien één of twee keer om raad gevraagd als me dat goed uitkwam. Maar ten diepste heb ik alleen mezelf gediend en ben ik mijn eigen koning geweest. Dat is nu afgelopen. Hier ben ik, God, ik geef me zonder voorbehoud over aan Uw heerschappij. Zeg me wat U wilt, dan zal ik het doen."*

Dat is bekering. Alles wat minder is dan dat, maakt je ongeschikt voor het koninkrijk. Er zijn veel 'geredde' mensen, bij wie in werkelijkheid maar weinig van het koninkrijk zichtbaar is in hun leven, omdat ze zich nooit echt hebben bekeerd.

Jezus demonstreerde het koninkrijk

Jezus *proclameerde* het koninkrijk niet alleen, Hij *demonstreerde* het ook. We keren terug naar Mattheüs 4:23-24, waar we lezen over het begin van Zijn daadwerkelijke bediening naast onderwijs en prediking.

*En Jezus trok rond in heel Galilea, gaf onderwijs in hun synagogen en predikte het Evangelie van het Koninkrijk, en **Hij genas elke ziekte en elke kwaal onder het volk**. En het gerucht over Hem verspreidde zich over heel Syrië; en zij brachten bij Hem allen die er slecht aan toe waren en door allerlei ziekten en pijnen bevangen waren, en die door demonen bezeten waren, en maanzieken en verlamden; en Hij genas hen.*

Dit is de sleutel die ik je in dit boekje wil aanreiken: de boodschap bepaalt het resultaat. Toen Jezus het koninkrijk verkondigde, demonstreerde Hij direct ook de heerschappij en autoriteit van God.

Er zijn drie dingen die niet kunnen standhouden in een confrontatie met het koninkrijk: zonde, ziekte en demonen. Iedere keer dat de mensheid door Jezus met het koninkrijk werd geconfronteerd, leden zonde, ziekte en demonen een overduidelijke en volledige nederlaag.

drie dingen houden geen stand bij confrontatie met het koninkrijk: zonde, ziekte en demonen

Vaak wordt mij gevraagd om te spreken over de bediening van genezing en dat doe ik graag. Maar op een gegeven moment ben ik gaan inzien dat veel van wat wij genezingsbediening noemen, iets is waarvan Jezus zei dat geen zinnig mens dat ooit zou doen. Het is alsof je een nieuwe lap stof neemt en die vastzet op oude kleding. Hij waarschuwde dat het nieuwe materiaal zal losscheuren van het oude en dat een nog groter gat het resultaat is. Wat bedoel ik daarmee? Veel mensen komen vanuit een zelfzuchtig, vleselijk leven, waarbij ze God niet méér geven dan hen uitkomt op zondagochtend of op enig ander moment. Ze komen naar een 'genezingsdienst' of 'bevrijdingsconferentie' en verwachten dat God in die twee of drie uur een lapje van Zijn bovennatuurlijke zegen vast stikt op hun eigen, zelfzuchtige levensstijl. Maar dat werkt niet. En het is nooit bedoeld dat het zo zou werken. De boodschap van genezing is voor de mensen die Gods koningschap willen ontvangen. Buiten de absolute, totale heerschappij van God kan de belofte van genezing niet beklijven.

Dit is zo belangrijk. Kijk nog eens naar deze verzen. Jezus verkondigde het goede nieuws van het koninkrijk. Hoe wisten de mensen dat het koninkrijk gekomen was? Iedereen kon wel beweren dat het Koninkrijk van God nabij was gekomen. Wat was het bewijs? Het bewijs was dat Hij mensen genas van allerlei ziekten en allerlei pijnen. Dan volgt er een opsomming, waarvan ik denk dat de terminologie heel specifiek was voor die tijd. Ze omvat namelijk iedere soort van lichamelijke, psychische en emotionele nood waar de mensheid aan kan lijden. Kijk maar eens: *…en zij brachten bij Hem allen die er slecht aan toe waren en door allerlei ziekten en pijnen bevangen waren…* (deze pijnen kunnen dus mentaal, emotioneel of lichamelijk zijn) *…en die door demonen bezeten waren, en maanzieken en verlamden…*

onbewust hebben we veel mensen een karikatuur van het evangelie voorgehouden

Volgens mij omvatte dit in de taal van die tijd het volledige spectrum van menselijk lijden. En het koninkrijk (het koningschap van God) rekende met dit alles af. Geen enkele vorm van demonische kracht of zonde of ziekte kon samengaan met het Koninkrijk van God. Dat is nog eens een logische boodschap! We kijken nog even naar de laatste profeet van het Oude Testament, Maleachi:

Maar voor u die Mijn Naam vreest, zal de Zon der gerechtigheid opgaan en onder Zijn vleugels zal genezing zijn… (Maleachi 4:2)

Wie is deze 'Zon der gerechtigheid'? Inderdaad, Jezus! Het is één van zijn prachtige titels. Hij is de Zon der gerechtigheid, en Hij brengt genezing. Voor al het leven op aarde is er maar één bron van licht, leven en warmte: de zon. Het licht in de persoon van Jezus Christus brengt gerechtigheid en genezing, voor wie Gods naam hoger stelt dan al het andere. Duisternis, de kracht van de vijand, brengt zonde en ziekte.

We keren terug naar Mattheüs 4:23-24. Toen de Zon der gerechtigheid was opgegaan, konden zonde noch ziekte, demonen noch duisternis voor Hem blijven bestaan. Wat een glorieuze boodschap! Dat is iets om enthousiast over te zijn. Het feit dat je naar de hemel mag na je overlijden is prachtig, maar voor hier en nu vind ik dat niet eens zo opwindend. Op dit moment ben ik meer geïnteresseerd in wat er gebeurt vóórdat ik sterf. Als het evangelie er alleen over gaat hoe je na je overlijden in de hemel komt, dan zijn er een heleboel dingen die nergens op slaan.

Misschien heb je wel eens dat verhaaltje gehoord van die twee Methodisten-broers. Eén van hen was een prediker, de ander was een scherpschutter. De prediker trok rond en riep mensen op tot bekering en behoudenis, en volgens de degelijke Methodistenprediking van die tijd betekende dit zij alles moesten opgeven en hun leven zonder enige reserve moesten overgeven aan de Heer Jezus Christus. Als de prediker absoluut zeker was dat zijn toehoorders gered waren, kwam zijn broer te-voorschijn en schoot hen neer. Onder hun prediking hadden ze dus nooit last van af-valligen! Snap je het punt? Als de enige bedoeling van het evangelie is dat jij naar de hemel kunt, waarom zou je daar dan niet onmiddellijk naar toe gaan? Of zoals de man die eens aan een prediker vroeg: "Ga ik nog steeds naar de hemel als ik alcohol drink?" De prediker antwoordde: "Vast en zeker. Je komt er hoogst waarschijnlijk zelfs nog wat eerder ook." Het zijn natuurlijk maar typisch Britse grappen, maar onbewust hebben wij massa's mensen wel zo'n karikatuur van het evangelie voorgehouden.

Het heeft weinig te maken met de echte boodschap van het Nieuwe Testament. Onze boodschap is prachtig, maar ze gaat lang niet ver genoeg.

Bidden voor het koninkrijk

We gaan door met de volgende ge-dachte, namelijk gebed voor het koninkrijk. Onze gebeden en onze verkondiging horen tenslotte met elkaar samen te hangen. Het zou inconsequent zijn als we het ene verkondigen en voor het andere bid-den. Jezus liet hier geen ruimte voor. Nadat Hij het koninkrijk had gepro-clameerd, leerde Hij Zijn leerlingen bidden. Dit lezen we in Matthëus 6:9-10:

Bidt u dan zo: Onze Vader, Die in de hemelen zijt...

Deze bewoording is beknopt, maar zo perfect. Als je in het Grieks (en in verschillende andere talen) 'onze Vader' wilt zeggen, dan is het eerste woord niet 'onze', maar 'Vader' (dus: Vader onzer… of Vader van ons…). Zo begin je dus met het cruciale aspect van de relatie. Jij komt als een kind bij je vader! Dit maakt alle verschil in je gebed, want je beseft dat je bidt tot een vader. Daarna zeg je 'onze', als herinnering dat God naast jou nog een heleboel andere kinderen heeft. Je kunt het je niet veroorloven om zelfgericht te zijn. Vervolgens nemen we de juiste houding aan, namelijk ontzag of aanbidding: *Uw Naam worde geheiligd.*

Vanuit deze juiste houding zijn we klaar om werkelijk te gaan bidden of voorbede te doen. En wat is dan de eerste vraag aan Vader? *Uw Koninkrijk kome…* Bedenk dat dit voorrang heeft boven al je persoonlijke noden. Je dagelijkse brood, de vergeving van je zonden, dat komt allemaal later. Wat is prioriteit nummer één? De komst van Gods koninkrijk! Daarmee zijn jouw gebeden perfect in lijn met de prioriteit van Hem. Het eerste wat telt, is de komst van Gods koninkrijk. Dit besef zou het gebed van veel van Gods kinderen ingrijpend veranderen. Vaak zijn we zo zelfgericht, dat we voortdurend bezig zijn met onze eigen kleine noden. Ik durf zelfs te zeggen dat het moderne, Westerse christendom in het algemeen de houding heeft dat God bestaat ten behoeve van ons geluk. We verwachten niet dat wij ons aanpassen aan God, maar dat God zich aanpast aan ons. Dat is een volkomen verkeerd idee over onze relatie met God. Simpel samengevat: God wordt gezien als een soort hemelse frisdrankautomaat. Je gooit je muntje van 'geloof' in de gleuf en daar komt de 'zegen' (je cola of sinas of wat je ook maar bij de Heer besteld had) eruit rollen. Door de zondeval raakte de mens gevangen in zijn zelfgerichtheid. Alles draaide om zijn of haar kleine wereldje en ieder zat opgesloten in de gevangenis van zijn eigen zintuigen: wat we zien, horen en ervaren in onze omstandigheden rooft ons zicht op Gods Koninkrijk – zijn regering in elke situatie. Maar Jezus' redding bevrijdt ons en verbreekt de banden en maakt ons vrij en herstelt in ons een Godgerichte levensvisie. Daarin is God het centrum en wij trekken naar zijn nabijheid toe. Niet andersom.

Veel christenen lijken op de mensen uit de middeleeuwen, die dachten dat het universum om de aarde heen draaide. Waarom dachten ze dat? Omdat zij op die aarde leefden. Inmiddels hebben we geleerd dat de aarde om de zon heen draait. Zo is het ook met ons; wij draaien om de Zon der gerechtigheid, Hij draait niet om ons. Hij is het centrum en wij zijn nu als – ook al leven we hier op aarde – burgers van een hemels koninkrijk. We gaan verder met het gebed... Vers 10:

Uw koninkrijk kome. Uw wil geschiede [waar?]*, zoals in de hemel zo ook op de aarde.*

Waar wil God dat Zijn koninkrijk komt? Op aarde! Te vaak hebben we gedacht dat het evangelie ons van de aarde weghaalt en naar de hemel brengt. Als je het Nieuwe Testament bestudeert, kom je echter tot de verbazingwekkende ontdekking dat het niet zozeer Gods bedoeling is om ons naar de hemel te krijgen, maar om de hemel naar ons toe te brengen. Het slotthema van het boek Openbaring is de komst van het Nieuwe Jeruzalem vanuit de hemel naar de aarde. Dat hadden we niet verwacht. Als je God in het centrum plaatst, krijg je openbaringen die je zullen beïnvloeden, openbaringen die je nooit zult krijgen zolang je vanuit je zelfgerichtheid blijft denken en leven. Laten we deze twee verzen daarom nogmaals als een gebed uitspreken, maar denk goed na wat je bidt:

geloof is geen hemelse frisdrankautomaat

Onze Vader, Die in de hemelen zijt. Uw Naam worde geheiligd. Uw Koninkrijk kome. Uw wil geschiede, zoals in de hemel zo ook op de aarde.

Ik heb je er nu misschien een beetje ingetuind, maar bedenk dat je vanaf nu eigenlijk hypocriet bent als je blijft doorleven voor jezelf... Je hebt immers zojuist gezegd dat jouw eerste prioriteit in het leven de komst van Gods koninkrijk is. Overigens heb je dit gebed waarschijnlijk al talloze malen gebeden. Maar ben je je bewust dat je hiermee uitspreekt dat voor jou de komst van Zijn koninkrijk – zijn heerschappij

- voorrang heeft op al jouw persoonlijke problemen en noden? Laten we daarom nu gaan kijken naar de Bijbelse beloften voor mensen die zo leven. Mattheüs 6:33:

Maar zoek eerst [wat zoeken we eerst?] *het Koninkrijk van God en Zijn gerechtigheid…*

Hier zien we opnieuw: gerechtigheid kan niet los bestaan van Gods koninkrijk. Buiten het koninkrijk om kun je niet rechtvaardig zijn, omdat je dan een rebel bent. Er bestaan geen rechtvaardige rebellen. De enige plaats waar je rechtvaardig kunt zijn, is onder Gods heerschappij. Je bent óf een rebel, óf onder Gods heerschappij. We moeten dus niet eerst *onze* gerechtigheid zoeken, maar Zijn koninkrijk. Daar komt vanzelf gerechtigheid uit voort. En daarna? Daarna zal in alle andere noden in jouw leven worden voorzien: *… en al deze dingen zullen u erbij gegeven worden.* Wanneer? Als je de juiste prioriteit stelt. Geloof je dat? En leef je ook overeenkomstig dat geloof?

Toen ik een jongere prediker was, bad ik vaak over geldzaken. In die tijd had ik echt

je bent óf een rebel, óf onder Gods heerschappij

dringend geld nodig, geloof me. Mijn vrouw en ik hadden acht geadopteerde dochters en de rekeningen van onze boodschappen en andere uitgaven liepen hoog op. Ik herinner me dat ik één scheermesje per keer kocht, omdat ik niet voldoende geld had voor een heel pakje. Ik geloof dat het legitiem is om te bidden voor geldzaken, maar door de tijd heen heb ik geleerd om me te richten op het Koninkrijk van God. Dat levert veel meer op, met veel minder bidden om geld. Het werkt echt. Als je afstemt op Gods prioriteiten, dan zal God voor je zorgen. Je moet alleen durven dit principe praktisch te maken. Zoek eerst het Koninkrijk van God en Zijn gerechtigheid, en al deze dingen zullen je gegeven worden.

Ook wil ik zeggen dat God op de lange termijn echt loyaal en royaal is. Dat heb ik ook gezegd tegen voorgangers die uit hun eigen gemeente werden gezet: je zult worden beproefd, maar op de lange termijn is God royaler dan de oudstenraad. Graag wil ik getuigen van Zijn trouw en zeggen dat het werkt. Maar **dit is de essentie van koninkrijksleven: dat je het jouw belangrijkste levensdoel maakt dat Gods**

koninkrijk gevestigd wordt op aarde. Gehoorzaam wat God zegt dat je moet doen, dan zal God zorgen voor al je aardse behoeften. Dat is Zijn belofte.

Verkondig het koninkrijk

Niet alleen heeft Jezus deze boodschap geproclameerd, maar toen Hij Zijn discipelen trainde en erop uitstuurde als apostelen, gaf Hij hen exact dezelfde boodschap mee, met precies dezelfde verwachting. Die boodschap veranderde niet, er kwam geen lager eisenpakket. Jezus bevond zich niet op het ene niveau met de ene boodschap, en Zijn discipelen op een lager niveau met een mindere boodschap. Er was maar één boodschap en één getuigenis voor iedereen die het predikte. Hiervoor lezen we Mattheüs 10:1-8:

En Hij riep Zijn twaalf discipelen bij Zich en gaf hun macht over de onreine geesten om die uit te drijven...

> *Jezus' opdracht was om het koninkrijk te proclameren onder het Joodse volk*

Hier zien we de eerste kwalificatie om erop uit te gaan en het goede nieuws te verkondigen: gezag over boze geesten. In het Nieuwe Testament werd nooit iemand uitgezonden om het evangelie te verkondigen zonder dat hij autoriteit kreeg over boze geesten. Daar is geen enkel voorbeeld van te vinden.

...en om iedere ziekte en elke kwaal te genezen. Hiervoor geldt hetzelfde en we kwamen dit ook al eerder tegen in Mattheüs 4. We gaan verder in Mattheüs 10, maar slaan de opsomming van de namen van de apostelen over en gaan door naar vers 5:

Deze twaalf zond Jezus uit en Hij gebood hun: U zult u niet op weg begeven naar de heidenen en u zult geen enkele stad van de Samaritanen binnengaan...

Waarom niet? Veel mensen begrijpen dit niet. Maar in Gods programma moest het koninkrijk allereerst worden aangeboden aan het ene volk dat Hij speciaal had voorbereid om het koninkrijk te ontvangen. Dat volk was Israël. Het koninkrijk werd niet aan andere volken aangeboden, tot na de dood en opstanding van Jezus. Hij gebood hun expliciet: 'Ga daar niet heen. Toen een Kanaänese vrouw bij Hem kwam voor haar dochtertje dat gekweld werd door demonen, stuurde Hij haar weg. Hij zei dat het niet goed is om het brood van de kinderen aan de honden te geven, omdat zij geen deel uitmaakte van het land aan wie het koninkrijk werd aangeboden.

De vrouw hield echter vol, en daardoor kreeg zij wat ze verlangde en zelfs iets meer. Maar nu begrijp je waarom Hij haar anders behandelde. Zijn opdracht van de Vader was om het koninkrijk te proclameren onder het Joodse volk, Gods oogappel (Mattheüs 15:21-28). Goed, wat moesten de discipelen doen? Vers 6:

...maar ga liever naar de verloren schapen van het huis van Israël. En als u op weg gaat, predik [proclameer] dan: Het Koninkrijk der hemelen is nabijgekomen.

Zie je dat? De boodschap was nog steeds hetzelfde. En wat moet je doen om te bewijzen dat het koninkrijk werkelijk nabij is gekomen?

Genees zieken, reinig melaatsen, wek doden op, drijf demonen uit.

De boodschap verandert nooit. Het zit hem niet in de persoon die predikt, het zit hem in de boodschap.

...U hebt het voor niets ontvangen, geef het voor niets.

als het Koninkrijk van God is geproclameerd en gedemonstreerd, zal automatisch het bestaan van het vijandige koninkrijk aan het licht komen

Jezus zei dat je niets hebt betaald om het te ontvangen, dus vraag er ook niets voor. Ook hieruit spreekt die niet-zelfgerichte, gevende houding. En het gaat om de boodschap, niet om de prediker. Misschien vraag je me naar de praktijk: heeft u wel eens doden opgewekt? Door Gods genade kan ik zeggen: 'Ja, dat heb ik.' In de vijf jaar dat ik werkte in Kenia heb ik twee van mijn studenten mogen opwekken uit de dood. Maar heel veel Afrikaanse predikers kunnen ook getuigen dat zij doden hebben opgewekt. Ik heb meer moeite met het genezen van melaatsen (mensen met lepra). Ik ken één melaatse die glorieus werd genezen, maar op dit terrein heb ik echt moeite. Ik geloof in het opwekken van doden, maar je zult niet alle doden zien opstaan. Jezus deed dat ook niet. Toch geloof ik dat het beslist een onderdeel is van het getuigenis van het koninkrijk, dat wij doden op-wekken. Daarmee demonstreren we de nederlaag van de dood en van elke andere ziekte. Ik geloof hartstochtelijk in het uitdrijven van demonen. Ik geloof in het genezen van zieken. Ik zou willen dat ik er veel beter in was, maar in ieder geval is dat één van de praktische uitwerkingen van het Evangelie die ik altijd heb beoefend.

genezing en bevrijding zou gewoon moeten zijn

Het volgende punt is dat wanneer het koninkrijk eenmaal is verkondigd en gede-monstreerd, dit automatisch het bestaan van het vijandige koninkrijk aan het licht brengt, het rijk van satan.

Als je het rijk van satan niet in beweging hebt gebracht, dan kun je vrijwel zeker weten dat je niet werkelijk het evangelie van het Koninkrijk hebt verkondigd. De proclamatie en demonstratie van de boodschap van het Koninkrijk zal namelijk al-tijd het rijk van satan aan het licht brengen.

Jaren geleden, toen ik als leraar werkte in Oost-Afrika, stuurde het Keniaanse minis-terie van onderwijs een film rond met de titel 'Het vijandige koninkrijk'. Het was een indrukwekkende film, die toonde dat het menselijk leven en welzijn voortdurend worden bedreigd door het rivaliserende rijk der insecten, en dat de mens er maar net in slaagt deze vijand een stap voor te blijven. Malaria was in die tijd één van de grootste problemen in Afrika, waar velen aan stierven. De film maakte me bewust dat wij net zo reëel te maken hebben met een rivaliserend koninkrijk. Geen insec-tenrijk, maar een demonisch rijk van satanische wezens, kwade geesten, opstan-dige engelen. En waar het Koninkrijk van God werkelijk zichtbaar wordt gemaakt, daar zal er een overeenkomstige manifestatie komen van het rijk van satan. Laten we kijken naar Mattheüs 12:22:

Toen werd er iemand bij Hem gebracht die door een demon bezeten was en die blind was en niet kon spreken; en Hij genas hem, zodat hij die blind was en niet had kunnen spreken, zowel kon spreken als zien.

Deze man was blind en stom, hij kon niet zien of spreken vanwege een demon. Toen de demon was uitgedreven, kon de man weer zien en spreken. In Honolulu kwam eens een oudere Zwitserse dame naar me toe. Ze was door haar zoon meegenomen naar onze genezingsdienst. De zoon zei: "Dit is mijn moeder. Ze is 86 en heeft haar gezichtsvermogen verloren, ze is bijna blind en wil graag gebed." De vrouw zei tegen me: "Ik heb al vier wonderen meegemaakt in mijn leven". Ik zei: "Dan denk ik dat u vandaag het vijfde wonder zult gaan meemaken." Ik voelde me geleid om dit Bijbelvers nu in de praktijk te testen, en zei: "We gaan een geest van blindheid uitdrijven." Toen Ruth en ik dat deden, gebeurde er iets bij de vrouw. We lieten haar zitten in een stoel, want ze begon te schudden en te snikken. Haar zoon probeerde haar te troosten en het schudden en snikken te stoppen. Maar wij zeiden: "Niet doen, wat je ziet is de manifestatie van een demon, die we er juist uit willen hebben. Laat het eruit komen, houd het niet tegen." We gingen verder met ons gebed voor andere mensen en nog geen tien minuten later kwam de man met zijn moeder naar ons toe. Ze zei: "Ik kan uw ogen zien." En haar zoon bevestigde: "Het gezichtsvermogen van mijn moeder is echt hersteld!". Ik dacht: "Prijs God! Het werkt." In dezelfde samenkomst kwam er een man naar me toe die doof was aan beide oren. Ik stak mijn vingers in zijn oren, bad, en vroeg: "Hoe is het nu?" Onmiddellijk kon hij weer horen, met beide oren.

Ik vertel deze dingen om je aan te moedigen: waar Gods koninkrijk wordt gepredikt, daar moeten de werken van de duisternis opzij. Want de paar genezingen en bevrijdingen die ik hier beschrijf zijn nog maar het topje van de ijsberg; dit zou voortdurend moeten gebeuren en zelfs gewoon moeten zijn. Ik sluit af met Mattheüs 12:23,24:

En heel de menigte was buiten zichzelf en zei: Is dit niet de Zoon van David? Maar de Farizeeën hoorden dit en zeiden: Deze drijft de demonen alleen maar uit door Beëlzebul, de aanvoerder van de demonen.

Beëlzebul is een titel voor satan. Met andere woorden, ze beschuldigden Jezus van samenwerking met satan.

Jezus echter kende hun gedachten en zei tegen hen: Ieder koninkrijk dat tegen zichzelf verdeeld is, wordt verwoest; en geen enkele stad of geen enkel huis dat tegen zichzelf verdeeld is, zal standhouden. En als de satan de satan uitdrijft, dan is hij tegen zichzelf verdeeld; hoe kan zijn rijk (satan heeft dus een rijk!) *dan standhouden? En als Ik door Beëlzebul de demonen uitdrijf, door wie drijven uw zonen ze dan uit?* (Het uitdrijven van demonen was in die tijd onder de Joden een gangbare praktijk.) *Daarom zullen die uw rechters zijn.*

Maar als Ik door de Geest van God de demonen uitdrijf, dan is het Koninkrijk van God bij u gekomen.

> waar Gods koninkrijk wordt gepredikt, daar moeten de werken van de duisternis opzij

Wat zien we hier? Een botsing van twee onzichtbare koninkrijken. Het Koninkrijk van God, vertegenwoordigd door Jezus, en het rijk van satan, vertegenwoordigd door demonen. En toen de demonen zich moesten onderwerpen aan de autoriteit van Jezus en de kracht van de Heilige Geest, was dat de demonstratie dat het Koninkrijk van God had getriomfeerd over het rijk van satan. Ik geloof dat dit de reden is waarom satan zo'n hekel heeft aan de bevrijdingsbediening, omdat het een openlijke demonstratie is van twee dingen: de nederlaag van het koninkrijk van satan, en de ultieme totale overwinning van het Koninkrijk (de regering) van God!

Terugkomend op de basisvraag van dit boekje: Wat is eigenlijk het goede nieuws! Als Gods kinderen zich door bekering radicaal onderwerpen aan Gods regering, en beginnen het evangelie van het Koninkrijk met kracht te proclameren, compleet met de verwachting van wonderen en tekenen, daar wordt Gods koningschap zichtbaar!

...Van U is het Koninkrijk, en de kracht, en de heerlijkheid, tot in eeuwigheid. Amen!

Wij geloven, bidden en verwachten dat deze Special zal bijdragen aan het herstel van het Goede Nieuws van het Koninkrijk, niet alleen in woorden, maar in kracht (1 Kor. 4:20)! In uw eigen leven en in uw omgeving.

DPM Nederland

AAN DE SLAG? Voor inspiratie om meer te leren over de praktijk van het 'complete' Evangelie van het Koninkrijk, lees ook:

ZIJ ZULLEN BOZE GEESTEN UITDRIJVEN

Een Bijbels fundament voor de bevrijdingsbediening. Derek Prince deelt de principes en lessen die hij leerde uit Gods Woord en uit 30 jaar praktijk. Wat zijn demonen? Hoe komen ze binnen? Hoe krijg ik ze eruit? *280 p., €16,-*

DE KRACHT VAN PROCLAMATIE

Het in geloof uitspreken van (proclameren/verkondigen) van Gods levende Woord vestigt Zijn waarheid in jouw leven en dat van anderen, in elke situatie, bij ieder probleem, en in vurige voorbede! *92 p. €9,-*

GODS WOORD GENEEST

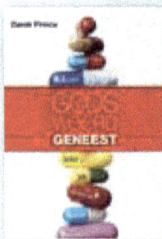

Een uitdagend boek, vol Bijbelse rijkdom over genezing naar geest, ziel en vooral ook… lichaam! Een instructief boek voor ieder die zelf genezing zoekt, of wil bidden voor anderen! *196 p., € 15,-*

BETAALD MET BLOED

Wat betekent het, gekocht en betaald te zijn door Jezus' bloed? Een avontuur voor je hele kring! Diepgaande uitwerking van de omwisseling aan het kruis: o.m. zegen voor vloek, genade voor straf, gezondheid voor ziekte, acceptatie voor afwijzing, etc. Na elk kort hoofdstuk studievragen en groepsvragen voor gesprek en gebed! *282 p. €12,50*

BEKERING EN WEDERGEBOORTE

Een radicale beslissing, jezelf 180 graden om te keren naar Gods weg. Bekering is een wapen in de strijd tegen de zonde en je zoektocht naar Gods plan! *105 p. €8,-*

LEVEN DOOR GELOOF

Gods mogelijkheden worden *jouw* mogelijkheden, door geloof! Durf je uit te strekken naar Gods wonderwerkende kracht! *170 p. €12,-*